Zöller & Kolloch

Wir sind die harten Piraten!

Mit Zeichnungen von
Sabine Scholbeck

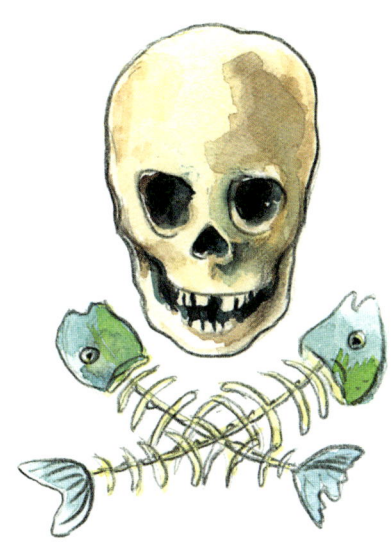

Hase und Igel®

Für Lehrkräfte gibt es zu diesem Buch
ausführliches Begleitmaterial beim Hase und Igel Verlag.

Originalausgabe
© 2007 Hase und Igel Verlag GmbH, Frei-Otto-Straße 18,
80797 München, service@hase-und-igel.de
www.hase-und-igel.de
Lektorat: Patrik Eis
Druck: Grafisches Centrum Cuno GmbH & Co. KG, Gewerbering West 27,
39240 Calbe (Saale), info@cunodruck.de

ISBN 978-3-86760-064-4
10. Auflage 2025

Inhalt

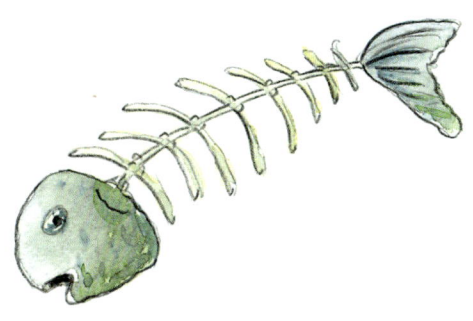

1. Verstärkung

Die „Wilde Minna"
war ein großes Piratenschiff.
Es hatte prächtige, blutrote Segel
und einen dicken,
hölzernen Schiffsbauch.
Das Schiff lag im Hafen
und war zur Abfahrt bereit.

Doch Kapitän Knurrfisch
und sein Steuermann Glatzenotto
brauchten noch Verstärkung.
Sie gingen von Bord
und hielten Ausschau.

Da sahen sie Piet und Pippo.
Langsam schlenderten
Knurrfisch und Glatzenotto
ihnen entgegen.

„Wollt ihr mit uns auf See?",
fragte Kapitän Knurrfisch.
„Kleine, wendige Piraten
können wir gut gebrauchen."

Piet und Pippo zögerten.

Da zwinkerte Glatzenotto ihnen zu
und fragte:
„Könnt ihr Tricks?"

„Wir haben Köpfchen und Herz,
scharfe Augen und schnelle Beine."
Pippo baute sich stark vor ihnen auf.

„Und Probleme
können wir knacken wie Nüsse",
ergänzte Piet
und schaute den beiden in die Augen.

„Wir sind die harten Piraten",
lachten Piet und Pippo.

Knurrfisch klopfte ihnen
auf die Schultern.
„Das könnt ihr jetzt beweisen,
Donnerlittchen.
Harte Piraten
glänzen mit starken Taten."
Und er spuckte dreimal ins Meer.

Schon gehörten sie zur Mannschaft.
Auch wenn Ochsenauge,
der dicke Koch,
und der klapperdürre Didi meckerten:
„Halbe Portionen."

Aber im Grunde hatten alle die beiden
sofort ins Herz geschlossen.
„Zwei halbe Portionen
sind auch eine ganze",
meinte Glatzenotto augenzwinkernd.

Knurrfisch zeigte ihnen
das ganze Schiff
von oben bis unten
und von vorne bis hinten.
Er führte Piet und Pippo
zu ihren Hängematten.
Sie verstauten ihre Seesäcke
und zwinkerten sich Mut zu.

Die Piraten spielten
Mundharmonika und Trommel
und sangen bis in den Abend.
Dabei knabberten sie
harten Schiffszwieback
und löffelten wasserdünne Suppe.

2. Das Geheimnis

Im Mannschaftsraum hing eine Tafel
mit den Piratenregeln:

1. Jeder darf seine Meinung sagen.
2. Bei Gefahr müssen alle
   die Befehle des Kapitäns befolgen.
3. Von der Beute bekommt jeder
   den gleichen Teil,
   nur der Kapitän das Doppelte.
4. Klauen wird schwer bestraft.
5. Verletzte bekommen nach
   dem Kampf hundert Goldstücke.
6. Frauen und Mädchen
   sind an Bord verboten.
7. Wir sind die harten Piraten.
   Wir glänzen mit starken Taten.

Glatzenotto tippte mit dem Finger
auf die sechste Regel und lachte:
„Frauen sind keine harten Piraten."

„Frauen sind manchmal
aber ganz schön stark",
meinte Piet.

Er zupfte an Pippos Ärmel
und flüsterte:
„Gut, dass du dich nicht
verplappert hast.
Unser Geheimnis darf keiner wissen."

„Nein", sagte Pippo leise.
„Wir sind die harten Piraten,
wir glänzen mit starken Taten."

Doch Knurrfisch hatte
das mit dem Geheimnis mitgekriegt.
„Ein Kapitän muss alles wissen.
Donnerlittchen", knurrte er.

Aber Piet und Pippo
schüttelten die Köpfe: „Nein, niemals!"

Nur im Mastkorb,
wenn Piet und Pippo
Ausschau hielten,
konnten sie leise
über ihr Geheimnis reden.

Pippo war nämlich ein Mädchen!
Sie hieß eigentlich Pippa.
Aber weil Mädchen
auf Piratenschiffen verboten waren,
nannte sie sich einfach Pippo.
Hoffentlich bekam das keiner raus!
Denn jetzt waren sie wirklich
auf einem echten Piratenschiff.
Sie scheuerten das Deck.

Sie halfen Ochsenauge
in der Piratenküche.

Vor allem aber
waren sie die Schnellsten
beim Einholen der Segel.
Außerdem kletterten sie in Windeseile
in den Mastkorb
und hielten Ausschau
nach fremden Schiffen.
So war alles gut.

3. Der wilde Sturm

Eines Tages aber
war der Kapitän seltsam unruhig.
Er streckte seine Nase in den Wind.
Er schnüffelte.
„Donnerlittchen,
da braut sich was zusammen."

Dann brüllte er plötzlich
über das ganze Schiff:
„Segel einholen!"

Ochsenauge knurrte,
Glatzenotto murrte.
Der Himmel war blau!

„Alle Feuerstellen löschen!",
befahl der Kapitän.
Die See war ruhig!

Aber plötzlich drehte der Wind.
Dicke Wolken
türmten sich am Horizont.
Der Himmel wurde dunkel,
fast schwarz.
Piet und Pippo bekamen Angst.
Ein wüster Sturm peitschte los!

Riesige Wellen
wühlten das Wasser auf
und ließen das Schiff
wild auf- und abspringen.

Alle klammerten sich
irgendwo fest,
damit der Sturm
sie nicht vom Schiff fegte.

Piet und Pippo hockten unten
im Mannschaftsraum.
Sie lauschten
mit wildem Herzklopfen.

Draußen tobte der Wind.
Da, plötzlich, schwappte Wasser
bis in den Bauch des Schiffes.

„Hilfe!"
Mit jeder Welle
schwappte mehr Wasser
in den Schiffsbauch.
„Hilfe!!"
Sogar Glatzenotto
sprach ein Gebet.

27

Langsam ließ der Sturm nach.
Endlich, endlich schwieg der Wind.
Eifrig schöpften alle das Wasser
aus dem Schiffsbauch.
Geschafft!
Sie waren gerettet.

Die Matrosen ruhten sich
in ihren Hängematten aus.

„Donnerlittchen, das war knapp."
Kapitän Knurrfisch spuckte dreimal
auf die blanke See.

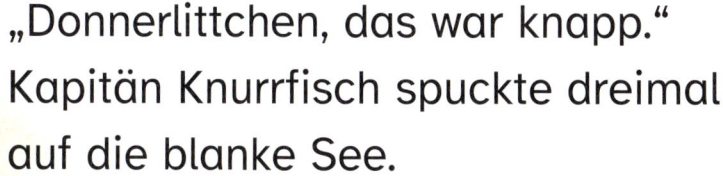

4. Achtung, Angriff!

Flink kletterten Piet und Pippo
in ihren Mastkorb.
Schon schrien sie:
„Piratenschiff in Sicht!
Aaaachtung, Aaaaangriff!"

Ein fremdes Schiff
hielt genau auf sie zu.
Seine Segel blähten sich mächtig.
Glatzenotto brüllte:
„Hart steuern, backbord!"
Doch da war es schon zu spät.

Enterhaken bohrten sich in ihre Reling.
Wüste Kerle sprangen aufs Schiff.
Sie waren bis an die Zähne bewaffnet.
Der Kampf dauerte nur kurz.

Bald hatten die Angreifer
die ganze Mannschaft gefesselt.
Sie brachten alle unter Deck:
Knurrfisch, Glatzenotto,
den klapperdürren Didi ...
Alle.

Wo waren die harten Piraten?
Wo waren die starken Taten?

Die fremden Piraten
feierten bis in die Nacht.
Sie sangen und tanzten,
sie grölten und tranken.

Grimmig lauschten ihnen
Knurrfisch, Glatzenotto und Didi.
Bis das ganze Schiff
in einen tiefen Schlaf fiel.

5. „Wir glänzen mit starken Taten"

„Jetzt",
flüsterten Piet und Pippo
oben in ihrem Mastkorb.
Lautlos glitten sie hinunter.
Lautlos schlichen sie über Deck.
Lautlos huschten sie
in den Mannschaftsraum.

„Jetzt",
flüsterten Piet und Pippo
und durchschnitten blitzschnell
die Fesseln
von Knurrfisch, Glatzenotto, Didi
und all den anderen Piraten.

„Jetzt", flüsterten Piet und Pippo
zum dritten Mal.
Sofort begannen alle
die Angreifer zu fesseln.
Still und stumm taten sie das.

Keiner der fremden Piraten
konnte sich wehren.
So gut und schnell arbeiteten alle
unter Piets und Pippos stiller Leitung.

Der Morgen brach an
und die Sonne ging auf.
Die wilden Piraten
lagen gefesselt unter Deck.

Da sprach Kapitän Knurrfisch:
„Hoch leben Piet und Pippo!
Sie haben uns befreit –
mit kluger List und stiller Stärke."

„Ohne Hauen und Stechen",
das hatte Glatzenotto
am meisten beeindruckt.
„Das sind stille und starke Piraten",
murmelte er.
„Mit harten und zarten Taten",
knurrte Didi hinterher.

Da klatschten alle laut los!
„Wir sind frei!", rief Kapitän Knurrfisch.
„Und wir haben
ein Piratenschiff erbeutet!"

„Was machen wir
mit den Gefangenen?",
fragte Glatzenotto.
„Was machen wir
mit dem erbeuteten Piratenschiff?",
wollte Didi wissen.
„Und was machen wir
mit Piet und Pippo?"

6. „Wir sind stille und starke Piraten"

Alle dachten lange nach.
Kapitän Knurrfisch spuckte
dreimal ins Meer
und zupfte an seinem Bart.
Dann schlug er laut und deutlich vor:
„Wir setzen die wilden Piraten
auf einer einsamen Insel aus.
Dort überlassen wir sie
ihrem Schicksal.
Das Piratenschiff nehmen wir mit
und verkaufen es."

„Und der Piratenschatz?"
Alle schauten ihn gespannt an.

„Der Piratenschatz wird gerecht geteilt.
Jeder bekommt seinen Teil."

„Und der Kapitän
das Doppelte",
flüsterte Didi.

„Und Piet und Pippo?",
fragte Glatzenotto.

„Sie sollen unser neuer Käpt'n sein!",
rief Ochsenauge.
„Zwei halbe Portionen
machen einen Kapitän",
lachte der klapperdürre Didi.

„Nicht ganz", widersprach Pippo.
„Zwei halbe Portionen
sind kein richtiger Kapitän.
Denn nur Kapitän Knurrfisch
kennt den Wind …"
„… und riecht dicke Stürme",
ergänzte Piet.
„Wir bleiben weiter im Mastkorb."

Plötzlich hob Kapitän Knurrfisch
seine Hand und meinte:
„Donnerlittchen,
dass ich das vergessen konnte.
Das Geheimnis –
was ist mit dem Geheimnis?"

„Donnerlittchen, jetzt kann
das Geheimnis gelüftet werden",
lachte Pippo und zwinkerte Piet zu.
Und doch hatten sie Herzklopfen,
die beiden.

Schweigend gingen sie
zu der großen Tafel mit den Regeln.
Die anderen folgten ihnen.
Piet nahm ein Stück Kreide
und änderte die sechste Regel.

So:

6. Frauen und Mädchen
   sind an Bord ~~verboten~~. *willkommen*

Er drehte sich um,
legte den Arm um Pippo
und erklärte laut:
„Das ist meine Schwester Pippa.
Wir sind zusammen
auf das Schiff gekommen,
weil wir ein starkes Team sind."

Da herrschte Stille.

In die Stille hinein
knurrte Knurrfisch leise
und dann immer lauter:
„Das war wirklich ein Geheimnis,
ein echtes Piratengeheimnis.
Denn eine Pippa hätten wir nie,
niemals an Bord genommen!"

Dann spuckte er ins Meer
und sagte feierlich:
„Aber ich habe etwas gelernt:
Alle haben ihre Stärken,
Mädchen wie Jungen,
Männer wie Frauen,
Kleine wie Große.

Alle haben mindestens
eine große Stärke,
auch wenn sie klein aussieht."

Glatzenotto, Ochsenauge
und Didi nickten.

„Und deshalb dürfen Pippa und Piet
weiter mitsegeln
und im Mastkorb Ausschau halten.
Wir ändern für sie
unsere Piratenregeln."

Alle klatschten und jubelten.
Und Kapitän Knurrfisch
spuckte dreimal ins Meer.
„Donnerlittchen."

Später sangen sie erst leise
und dann immer lauter.
Sie banden
die andere Mannschaft los
und setzten sie
auf einer einsamen Insel ab.

Anschließend teilten sie
den großen Piratenschatz
ganz gerecht auf.
Sie waren sich einig:
„Davon können wir gut leben."

Danach sangen sie weiter:
„Wir sind stille und starke Piraten,
faria, faria, hoo!
Zeigen's mit Köpfchen und Herz
und Taten,
faria, faria, hoo!
In Welle und Woge
und Sturm und Wind
zeigen wir allen,
wie stark wir sind.
Faria, faria, faria, faria,
faria, faria, hoo!"

Das Lied hallte laut in die Nacht.
Der Mond stand still
über dem Wasser.
Sterne glitzerten.

Und Piet und Pippa in ihrem Mastkorb
waren jetzt echte Piraten.
Sie hatten es allen gezeigt
mit harten, starken und zarten Taten.